Guide pratique des aliments

VITAMINES
et
MINÉRAUX

Fibres • Oligo-éléments Bioflavines

D1151521

De la même auteure:
Les bonnes combinaisons alimentaires, Édimag, 1999.
220 recettes selon les bonnes combinaisons alimentaires, Édimag, 2000

Ce livre a été publié originellement chez MiniPlus NDI, 1986.

EDIMAG
Pierre Nadeau, éditeur

C.P. 325, Succursale Rosemont
Montréal (Québec), Canada H1X 3B8
Téléphone: (514) 522-2244
Télécopieur: (514) 522-6301
Courrier électronique: pnadeau@edimag.com

Éditeur: Pierre Nadeau

Dépôt légal: premier trimestre 2001
Bibliothèque nationale du Québec
Bibliothèque nationale du Canada

© 2001, Édimag inc.
Tous droits réservés pour tous pays
ISBN: 2-89542-037-8

Guide pratique des aliments

VITAMINES
et
MINÉRAUX

Fibres • Oligo-éléments Bioflavines

Lucile Martin Bordeleau

Édimag inc. est membre de
l'Association nationale des éditeurs de livres.

DISTRIBUTEURS EXCLUSIFS

Pour le Canada et les États-Unis
Les Messageries ADP
955, rue Amherst
Montréal (Québec) H2L 3K4
Téléphone: (514) 523-1182
Télécopieur: (514) 939-0406

Pour la Suisse
Transat S.A.
Route des Jeunes, 4 Ter
C.P. 1210
1 211 Genève 26
Téléphone: (41-22) 342-77-40
Télécopieur: (41-22) 343-46-46

Pour la France
Librairie du Québec / DEQ
30, rue Gay-Lussac
75005 Paris
Téléphone: (1) 43 54 49 02
Télécopieur: (1) 43 54 39 15
Courriel: liquebec@cybercable.fr

TABLE DES MATIÈRES

Ce livre est dédié à tous ceux
qui ont le souci
de vivre en bonne santé...

INTRODUCTION

Chère amie et cher ami, bonjour!

Par ce petit livre sur les «Vitamines, les minéraux, les oligo-éléments et les fibres», j'ai voulu vous apporter une meilleure connaissance des aliments, laquelle vous permettra, à l'avenir, de choisir celui-ci plutôt que celui-là, en raison de sa plus grande teneur en telle vitamine, en tel minéral, etc. En lisant ce mini-livre, vous allez sans doute remarquer que les vitamines, les minéraux, les oligo-éléments, les bioflavines et les fibres sont tous aussi importants les uns que les autres à notre organisme; et si celui-ci se trouve en manque de l'un ou de l'autre, notre système devient un peu ou gravement débalancé.

Voici quelques exemples de l'importance des vitamines, des minéraux, des oligo-éléments et des fibres: par le manque de vitamine C, notre système n'absorbe plus aussi bien le calcium; vous voulez un teint de pêche, un œil vif et brillant, un œil de lynx et non de verre!, alors vite de la vitamine A; le potassium vous permettra de rester jeune plus longtemps; le cuivre, lui, empêchera vos os de se casser comme du bois sec à la moindre secousse; etc. Notre organisme est un peu comme une charrette: s'il souffre de carences en vitamines ou minéraux, c'est comme s'il manquait une roue à la charrette; elle tournerait carré, comme on dit! Ce n'est certes pas ce que nous voulons, vous et moi, n'est-ce pas?

Quant aux fibres, elles préviennent la constipation, qui est la porte ouverte aux maladies. Alors vite, à l'œuvre! À partir des tableaux qui suivent, composez-vous désormais des menus remplis de vita-mines et de minéraux, afin de mieux profiter «en toute santé» de la vie et de ce qu'elle vous apporte de plus beau.

Bonne santé!

Lucile Martin Bordeleau

LES VITAMINES

Les vitamines sont des substances organiques indispensables que notre organisme est incapable de synthétiser. Ce sont des régulatrices très précises du fonctionnement normal de l'organisme. Elles sont un des six (6) éléments essentiels à une bonne alimentation équilibrée (voir mon livre «Les bonnes combinaisons alimentaires»). Elles sont nécessaires pour permettre une bonne utilisation des aliments. Leur absence ou leur insuffisance entraîne des maladies de carence graves. Les vitamines nous proviennent surtout des fruits et des légumes, et elles s'y trouvent en plus grandes quantités lorsque ceux-ci sont crus et frais. On en trouve aussi dans les graines, les céréales et leurs dérivés, dans le foie de poisson (huile), dans les abats de boucherie (rognon, cervelle, foie), dans le lait, dans le beurre et le jaune d'œuf, dans les levures. Malheureusement, à cause de la cuisson, de l'emploi d'engrais chimiques, d'insecticides, de pesticides, et de la conservation prolongée en entrepôt et en étalage dans les magasins, les aliments, lorsqu'ils arrivent dans notre assiette, ont perdu beaucoup de leur valeur nutritive. Dans les pages qui suivent, vous trouverez donc, à travers divers aliments, la source des différentes vitamines.

Les aliments sont classés par ordre d'importance en valeur nutritive.

VITAMINE A

La vitamine A permet à l'œil de mieux voir; elle améliore donc la vision. Elle est aussi très importante en ce qui concerne les troubles de la peau, spécialement dans le cas de l'acné. Elle prévient le vieillissement de la peau et la formation des rides. Elle est un antioxydant. Elle joue également un rôle important dans la prévention du cancer.

Unités internationales (U.I. ou I.U.) par 100 grammes d'aliment, ou 3-1/2 onces.

50,500	foie d'agneau
43,900	foie de bœuf
22,500	foie de veau

14,000	feuille de pissenlit
12,100	foie de poulet
11,000	carotte
10,900	abricot séché
8,900	chou rouge, chou frisé
8,800	pomme de terre sucrée
8,500	persil
8,100	épinard
7,600	feuille de navet
6,100	feuille de betterave
5,800	ciboulette
5,700	courge
4,900	cresson
4,800	mangue
3,400	cantaloup
3,300	beurre
3,300	chicorée
3,300	endive
2,700	abricot
2,500	tête de brocoli
2,260	poisson blanc

2,000	oignon vert
1,900	laitue romaine
1,750	papaye
1,650	nectarine
1,600	prune
1,600	citrouille
1,580	espadon
1,330	pêche
1,180	œuf
1,080	poulet
1,000	cerise
900	asperge
900	tomate mûre
690	rognon
640	pois vert
600	fève verte
600	baie de sureau
590	melon d'eau
580	rutabaga ou chou-navet
550	chou de Bruxelles
460	courge jaune

Les légumes verts et jaune foncé, ainsi que les fruits jaune foncé sont de très grandes sources de bêta-carotène.

VITAMINE B

La vitamine B est une famille de vitamines dont chacune est désignée par un chiffre suivant la lettre B. Elles exercent un rôle complémentaire entre elles. L'ensemble de ces vitamines est connu sous le nom de «complexe B». Le groupe des vitamines B est de toute première importance pour la santé. Elles préviennent le béribéri, la paralysie, l'arrêt de croissance, les éruptions cutanées, les troubles du système nerveux, l'insomnie, l'irritabilité, les dépressions, l'alcoolisme, etc. Les vitamines du complexe B sont reliées à la normalité de la flore intestinale. Un dérèglement de la flore intestinale par les antibiotiques risque d'entraîner des carences parmi les vitamines du complexe B.

Thiamine ou Aneurine – B-1 Antinévrétique

La thiamine, ou B-1, joue un rôle au niveau du système nerveux périphérique, du conduit gastro-intestinal et du système cardio-vasculaire. Cette vitamine est nécessaire à la croissance des bébés et des enfants. Une carence en thiamine entraîne le béribéri. La sous-alimentation ainsi que les maladies organiques peuvent provoquer des déficiences en thiamine. Sa solubilité dans l'eau et sa destruction par la chaleur expliquent la grande déperdition de cette vitamine au cours de la cuisson et du blanchiment des légumes.

La thiamine est abondante dans la

levure de bière cultivée sur moût de malt, et se retrouve en très petite quantité dans les levures de distillerie ou de boulangerie cultivées sur mélasse.

Milligrammes (mg) par 100 grammes d'aliment, ou 3-1/2 onces.

15,61	levure de bière
2,26	riz brun
2,01	germe de blé
1,96	graine de tournesol
1,84	polissure de riz
1,28	pignon
1,14	arachide avec la peau
1,10	fève soya séchée
0,98	arachide sans la peau
0,96	noix du Brésil
0,86	pacane
0,85	farine de soya

0,84	fève pinto et rouge
0,74	pois cassé
0,73	millet
0,72	son de blé
0,67	pistache
0,65	fève blanche
0,63	cœur de veau
0,60	sarrasin
0,60	gruau ou farine d'avoine
0,55	farine de blé entier
0,55	blé entier
0,51	rognon d'agneau
0,48	fève de Lima séchée
0,46	noisette
0,45	cœur d'agneau
0,45	riz sauvage
0,43	noix de cajou
0,43	seigle
0,40	foie d'agneau
0,40	homard
0,38	fève mung

0,37 lentille
0,36 rognon de bœuf
0,35 pois vert
0,34 riz brun
0,33 noix
0,31 fève garbanzo
0,25 gousse d'ail
0,25 foie de bœuf
0,24 amande
0,24 fève de Lima fraîche
0,24 graine de citrouille
et de courge
0,23 châtaigne ou marron
0,23 fève soya germée
0,08 graine de sésame
décortiquée

Riboflavine ou Lactoflavine – B-2 Antichéilitique

La riboflavine fonctionne de concert avec la niacine et la thiamine pour convertir et utiliser les hydrates de carbone, les gras et les protéines. Très peu de riboflavine est emmagasinée dans l'organisme. La riboflavine est moins détruite par la chaleur que d'autres vitamines, mais elle est sensible à la lumière. Une carence en riboflavine se manifeste par des lésions au niveau des lèvres, de la bouche et de la langue, par une dermatite localisée à la figure ainsi que par certains troubles des yeux.

Milligrammes (mg) par 100 grammes d'aliment, ou 3-1/2 onces.

    4,28   levure de bière
    3,28   foie d'agneau

3,26	foie de bœuf
3,03	foie de porc
2,72	foie de veau
2,55	rognon de bœuf
2,49	foie de poulet
2,42	rognon d'agneau
0,92	amande
0,68	germe de blé
0,63	riz sauvage
0,46	champignon
0,44	jaune d'œuf
0,38	millet
0,35	farine de soya
0,35	son de blé
0,33	maquereau
0,31	fève soya séchée
0,30	œuf
0,29	pois cassé
0,26	persil
0,25	noix de cajou
0,25	son de riz

0,25   veau

0,24   agneau maigre

0,23   brocoli

0,23   noix de pin

0,23   saumon

0,23   graine de tournesol

0,22   fève blanche

0,22   lentille

0,22   pruneau

0,22   seigle

0,21   fève mung

0,21   fève pinto et rouge

0,13   graine de sésame

Niacine ou Nicotinamide – B-3 Antipellagreuse

La niacine fait partie, elle aussi, du complexe B. On l'appelle parfois niacinamide, acide nicotinique, nicotinamide; et P-P, qui vient des mots «pellagra préventive», car elle est anti-pellagreuse. La pellagre est une maladie grave, due surtout à une carence en vitamine B-3. Elle se manifeste par des lésions cutanées et des troubles digestifs et nerveux. La niacine est plus efficace lorsqu'elle est employée avec les autres vitamines du complexe B.

Milligrammes (mg) par 100 grammes d'aliment, ou 3-1/2 onces.

37,9	levure de bière
29,8	son de riz
28,2	polissure de riz

21,0	son de blé
17,2	arachide avec la peau
16,9	foie d'agneau
16,4	foie de porc
15,8	arachide sans la peau
13,6	foie de bœuf
11,4	foie de veau
10,8	foie de poulet
8,4	truite
8,3	flétan
8,2	maquereau
8,0	poulet, la chair
8,0	dinde, la chair
7,2	saumon
6,4	veau
6,4	rognon de bœuf
6,2	riz sauvage
5,7	agneau maigre
5,6	poulet, la chair et la peau
5,4	graine de sésame

5,4	graine de tournesol
5,1	bœuf maigre
4,7	riz brun
4,5	noix de pin
4,4	sarrasin
4,4	blé entier
4,3	farine de blé entier
4,2	champignon
4,2	germe de blé
3,7	orge
3,6	hareng
3,5	amande
3,2	crevette
3,0	aiglefin ou haddock
3,0	pois cassé

Adénine – B-4
Antigranulocytaire

La vitamine B-4 joue un rôle important dans la disparition des leucocytes (globules blancs) granuleux du sang, c'est-à-dire des tumeurs granuleuses. Une carence en vitamine B-4 amène un déséquilibre leucocytaire, une insuffisance de la croissance chez les jeunes, un état de malnutrition chez les adultes et, chez les uns et les autres, une chute des globules rouges.

On trouve la vitamine B-4 dans:
- la laitance de poisson
- le ris de veau
- la levure
- l'extrait de levure
- le thymus de bœuf
- les fruits en général
- les légumes crus en général

Acide pantothénique – B-5 Anticanitique

La vitamine B-5 est présente dans toutes les cellules vivantes du corps humain; elle joue un rôle de premier plan dans les réactions qui touchent à la fois aux protéines, aux sucres et principalement aux lipides. La vitamine B-5 est plus stable dans une cuisson liquide que dans une cuisson sans eau; cependant, elle est plus facilement détruite par des acides tels le vinaigre, ainsi que par des alcalis, comme par exemple le soda à pâte. Une carence en vitamine B-5 entraîne ou contribue à la décoloration du système pileux.

Milligrammes (mg) par 100 grammes d'aliment, ou 3-1/2 onces.

    12,0   levure de bière

8,0	foie de veau
6,0	foie de poulet
3,9	rognon de bœuf
2,8	arachide
2,6	cervelle (toutes sortes)
2,6	cœur
2,2	champignon
2,0	farine de soya
2,0	pois cassé
2,0	langue de bœuf
1,9	perche
1,8	fromage bleu
1,7	pacane
1,7	fève soya
1,6	œuf
1,5	homard
1,5	avoine roulée (sèche)
1,4	farine de sarrasin
1,4	graine de tournesol
1,4	lentille
1,3	farine de seigle

1,3   noix de cajou
1,3   saumon, la chair
1,2   fromage camembert
1,2   fève garbanzo
1,2   germe de blé rôti
1,2   brocoli
1,1   noisette
1,1   dinde, la viande brune
1,1   riz brun
1,1   farine de blé entier
1,1   sardine
1,1   poivron rouge
1,1   avocat
1,1   veau maigre
1,0   pois sec
1,0   riz sauvage
1,0   chou-fleur
1,0   poulet, la viande brune
1,0   chou frisé

Pyridoxine – B-6
Anticrodynique

La pyridoxine joue un rôle très important comme partenaire de certains enzymes régissant le métabolisme des acides aminés. Sa carence entraîne des défauts de croissance et certaines formes d'anémie. La déficience en vitamine B-6 chez la femme enceinte peut être suivie de crises épileptiformes chez son nourrisson. La pyridoxine ou vitamine B-6 est donc une vitamine très importante.

Milligrammes (mg) par 100 grammes d'aliment, ou 3-1/2 onces.

2,50	levure de bière
1,25	graine de tournesol
1,15	germe de blé rôti
0,90	thon, la chair

0,84   foie de bœuf
0,81   fève soya séchée
0,75   foie de poulet
0,73   noix de Grenoble
0,70   saumon, la chair
0,69   truite, la chair
0,67   foie de veau
0,66   maquereau, la chair
0,65   foie de porc
0,63   farine de soya
0,60   lentille séchée
0,58   fève de Lima séchée
0,58   farine de sarrasin
0,56   pois sec
0,56   fève blanche séchée
0,55   riz brun
0,54   noisette
0,54   fève garbanzo séchée
0,53   fève pinto séchée
0,51   banane
0,45   porc maigre

0,43	bœuf maigre
0,43	flétan, la chair
0,43	rognon de bœuf
0,42	avocat
0,41	rognon de veau
0,34	farine de blé entier
0,33	châtaigne fraîche
0,30	œuf, le jaune
0,30	chou frisé
0,30	farine de seigle
0,28	épinard
0,26	feuille de navet
0,26	poivron doux
0,25	cœur de bœuf
0,25	pomme de terre
0,24	pruneau
0,24	raisin sec
0,24	sardine
0,23	chou de Bruxelles
0,23	baie de sureau
0,23	perche, la chair

0,22 morue, la chair

0,22 orge

0,22 fromage camembert

0,22 pomme de terre sucrée

0,21 chou-fleur

0,20 maïs soufflé

0,20 chou rouge

0,20 mélasse

Biotine – (groupe B)
Antiacrodynique

La biotine est une vitamine soluble dans l'eau. Elle est perdue quand l'eau de cuisson est jetée. La biotine n'est pas affectée par la chaleur, mais peut être détruite par l'exposition à l'air, et aussi par des alcalis, comme le soda à pâte.

Microgrammes (mcg) par 100 grammes d'aliment, ou 3 1/2 onces.

200	levure de bière
127	foie d'agneau
96	foie de bœuf
70	farine de soya
61	fève soya
60	son de riz
52	jaune d'œuf
39	beurre d'arachide
37	amande

34	arachide rôtie
31	orge
27	pacane
24	gruau d'avoine
24	sardine
22	œuf entier
18	pois coupé
18	noix
17	chou-fleur
17	champignon
16	céréale de blé entier
14	son
13	lentille
12	riz brun
10	poulet

Choline – (groupe B)
Anticirrhotique

La choline fait partie du groupe des vitamines B, bien qu'à proprement parler elle ne soit pas une vitamine puisque l'organisme peut la synthétiser, c'est-à-dire la fabriquer par lui-même. Elle est donc produite par notre corps en quantité suffisante pour répondre à nos besoins. La choline est le composant actif de la lécithine, qui est essentielle à la digestion, à l'absorption et au métabolisme des corps gras. Une carence en choline peut apporter des dépôts de gras dans le foie, une déficience en fer conduisant à l'anémie, la constipation, une haute tension artérielle, des crampes dans les jambes, etc. C'est une vitamine hydrosoluble, que la chaleur et l'entreposage n'affectent presque pas.

Milligrammes (mg) par 100 grammes d'aliment, ou 3-1/2 onces.

2200	lécithine
1490	jaune d'œuf
550	foie
504	œuf entier
406	germe de blé
340	fève soya
245	fève garbanzo
240	levure de bière
223	lentille
201	pois coupé
170	son de riz
162	arachide rôtie
156	gruau d'avoine
145	beurre d'arachide
143	son
139	orge

122	jambon
112	riz brun
104	veau
94	céréale de blé entier
86	mélasse
77	porc
75	bœuf
75	pois vert
66	pomme de terre sucrée
48	fromage cheddar
42	haricot vert
29	pomme de terre
23	chou
22	épinard
15	lait
12	jus d'orange
5	beurre

Inositol – (groupe B)
Antistéatosique

L'inositol est habituellement considéré comme faisant partie du complexe B. Il est concentré dans le cerveau et dans des tissus comme les muscles du squelette et du cœur. La carence en inositol produit l'alopécie, c'est-à-dire la chute des cheveux. L'inositol est un facteur de croissance.

Milligrammes (mg) par 100 grammes d'aliment, ou 3-1/2 onces.

2200	lécithine
770	germe de blé
460	son de blé
390	orge cuit
370	blé entier
270	levure de bière
270	gruau d'avoine

240	fève garbanzo
210	orange
205	farine de soya
180	beurre d'arachide
170	fève de Lima
160	pois vert
150	pois coupé
150	mélasse
150	pamplemousse
130	lentille
120	raisin sec
120	cantaloup
119	riz brun
117	jus d'orange
110	farine de blé entier
96	pêche
95	chou
95	chou-fleur
88	oignon
67	pain de blé entier
64	melon d'eau

60	fraise
55	laitue
51	foie de veau
46	tomate
33	œuf
13	lait
11	betterave

Acide folique ou Folacine – (groupe B) Antianémique

L'acide folique est une des vitamines du complexe B solubles dans l'eau. Elle travaille avec les vitamines B-12 et C comme coenzyme dans l'utilisation des protéines. L'acide folique est partiellement détruit par la lumière et la cuisson à haute température. Une des premières conséquences de la déficience en acide folique est l'empêchement de la formation de globules rouges et de leucocytes dans le sang.

Microgrammes (mcg) par 100 grammes d'aliment, ou 3-1/2 onces.

2022	levure de bière
440	pois
430	germe de riz
425	farine de soya

305	germe de blé
295	foie de bœuf
275	foie d'agneau
225	fève soya
195	son
180	fève rognon
145	fève mung
130	fève de Lima
125	fève blanche
125	fève garbanzo
110	asperge
105	lentille
77	noix
75	épinard frais
65	aveline
56	arachide rôtie
56	beurre d'arachide
53	brocoli
50	orge
50	pois coupé
49	céréale de blé entier

49   chou de Bruxelles
45   amande
38   farine de blé entier
33   gruau ou farine d'avoine
32   figue séchée
30   avocat
28   fève verte ou haricot vert
28   maïs
28   noix de coco fraîche
27   pacane
25   champignon
25   datte
14   mûre
 7   bœuf haché
 5   orange

Cobalamine – B-12
Antipernicieuse

La vitamine B-12 est la seule vitamine qui contient du cobalt.

La vitamine B-12 est le facteur anti-anémie pernicieuse. En milieu acide, elle reste stable à la chaleur, même lorsque l'eau bout; cependant, elle est très sensible à la chaleur lorsque le milieu est alcalin. Sa carence entraîne une chute marquée de globules rouges.

Microgrammes (mcg) par 100 grammes d'aliment, ou 3-1/2 onces.

104	foie d'agneau
98	pétoncle
80	foie de bœuf
60	foie de veau
31	rognon de bœuf
25	foie de poulet

18	huître
17	sardine
6,0	jaune d'œuf
5,0	truite
4,0	saumon, la chair
3,0	thon, la chair
2,1	agneau
2,0	œuf
2,0	petit-lait
1,8	bœuf maigre
1,8	fromage édam
1,8	fromage suisse
1,6	fromage brie
1,6	fromage gruyère
1,3	aiglefin, la chair
1,2	flet
1,2	pétoncle
1,0	fromage cheddar
1,0	fromage cottage (ou à la pie)
1,0	fromage mozzarella
1,0	flétan

1,0 perche
1,0 espadon, la chair

Acide pangamique – B-15

L'acide pangamique est une vitamine du groupe B.

La vitamine B-15 fournit de l'oxygène aux cellules vivantes; elle élimine la gangrène; elle est d'une grande aide contre l'alcoolisme et peut aussi être efficace dans le traitement du cancer.

On peut trouver la B-15 dans:
- la levure de bière
- la graine de tournesol
- la graine de citrouille
- le son de blé
- les céréales de blé entier
- le germe de blé
- les amandes du noyau d'abricot
- etc.

Laetrile – B-17

On dit du laetrile que c'est une vitamine qui est censée agir favorablement dans les cas de cancer. On la trouve dans les amandes; dans les noyaux d'abricot, de cerise, de nectarine, de pêche, de prune; dans les pépins de pomme et de papaye; dans les graines de luzerne. Il est conseillé de ne pas manger plus d'amandes des fruits précités que la quantité de ces mêmes fruits mangés en même temps. Le maïs, le millet, le manioc, la graine de lin, le sarrasin, la feuille de luzerne, le pois, la fève sont aussi des sources de vitamine B-17.

Acide para-aminobenzoïque (PAB) – (groupe B)
Antisclérodermique

Le PAB peut être considéré comme une vitamine du groupe B.

Une déficience en PAB amène le grisonnement des cheveux, l'eczéma, la constipation, la nervosité, etc.

Les principales sources de PAB sont:

- la levure de bière
- le foie des animaux
- le germe de blé
- la graine de tournesol
- la farine d'avoine
- l'épinard
- l'œuf
- le chou
- le son

Levure Bjast – (groupe B)

La levure Bjast fait partie d'une ca-
tégorie particulière de levures de
bière. En cultivant Bjast dans le milieu le plus propice, il a été possible
d'obtenir la présente qualité, laquelle, jusqu'à ce jour, n'avait pas encore
été atteinte. Bjast contient des protéines de toute première valeur et est
plus riche en vitamines naturelles
qu'aucune autre levure déshydratée.
Par exemple, sa teneur en thiamine
est supérieure, de plus du double, à
toute autre. Bjast est absolument
pure de toute trace de glucides, de
matières colorantes, de produits de
stérilisation ou de substances noci-
ves, mais elle est riche en acides nucléiques, lesquels sont très utiles.
Une dose journalière (6 comprimés
ou 1 petite cuillerée de microflocons)

donne environ 160 mg de ARN (Acine Ribo Nucléique) et de ADN (Acide Désoxyribo Nucléique)! Rappelez-vous que Bjast constitue le produit naturel par excellence pour mettre en bonne condition et entretenir tout le système nerveux.

100 grammes – ou 3-1/2 onces – de Bjast contiennent:

7000 mg acides nucléiques:
ribose et désoxyribose

540 mg	tryptophane
280 mg	niacine
230 mg	choline
185 mg	inositol
130 mg	vitamine B-1
25 mg	vitamine B-2
10 mg	acide pantothénique
2 mg	vitamine B-6
1,4 mg	acide para-aminobenzoïque

   1 mg   folacine (acide folique)

0,1 mg   biotine

et:

   5 mcg   vitamine B-12

La levure Bjast est en vente dans tous les magasins d'aliments naturels.

VITAMINE C

Nous avons un besoin constant de vitamine C.

Notre organisme ne peut pas l'emmagasiner et est incapable de la synthétiser. Elle joue un rôle important dans la formation des os, des dents et des vaisseaux. Elle permet l'assimilation du fer par l'organisme; elle permet également d'emmagasiner le calcium et le phosphore dans les os. La vitamine C joue aussi un rôle très important dans les différentes formes d'infections, en permettant l'élimination des matières toxiques. Elle prévient les rhumes, les grippes, le scorbut. Les fumeurs ont avantage à manger beaucoup de vitamine C, car chaque cigarette fumée brûle au moins 25 mg de vitamine C. La cuisson, l'entreposage et la mise en conserve des aliments détruisent la vitamine C que ces derniers contiennent.

Milligrammes (mg) par 100 grammes d'aliment, ou 3-1/2 onces.

1600	jus d'acerola (cerise)
1300	cerise acerola
242	goyave commune
204	poivron rouge doux
200	mûre
186	feuille de chou frisé
172	persil
136	feuille de navet
130	épinard moutarde
128	poivron vert doux
113	brocoli
102	chou de Bruxelles

97	feuille de moutarde
81	raifort cru
79	cresson de fontaine
78	chou-fleur
77	citron avec la pelure
71	orange avec la pelure
69	jujube frais
69	cresson
66	kaki
61	chou rouge
59	fraise
56	ciboulette
56	papaye
55	chou de Savoie
53	citron pelé
51	épinard
50	orange pelée
50	jus d'orange
47	chou ordinaire
46	jus de citron
43	rutabaga

38	pamplemousse, la chair
38	jus de pamplemousse
37	lime, limette
36	baie de sureau
36	navet
35	mangue
35	feuille de pissenlit
33	groseille verte
33	cantaloup
33	asperge
32	jus de lime
32	oignon vert
32	radis oriental
31	tangerine
31	jus de tangerine
31	fenouil
30	feuille de betterave
29	fève de Lima, fraîche
29	fève soya, fraîche
27	jus de tangelo
27	pois vert frais, entier

26	radis commun
25	framboise rouge
25	chou chinois
24	ronce-framboise
23	melon miel
23	tomate mûre
22	figue de Barbarie
22	feuille de chicorée
22	courge d'été
21	pomme de terre sucrée
21	pois vert, écossé
20	pomme de terre
20	tomate verte
19	fève mung germée
18	pêche séchée
18	framboise noire
18	laitue
17	ananas
17	poireau
16	panais
15	ail

14 avocat

14 bleuet

14 banane à cuire

13 jujube séché

13 melon casaba

13 courge d'hiver

13 fève soya germée

13 nectarine

12 abricot séché

12 artichaut

12 maïs sucré

11 canneberge

11 cerise de terre

11 concombre

11 salsifis

10 pomme séchée

10 abricot frais

10 banane commune

10 banane rouge

10 cerise

10 escarole

10	betterave
10	oignon mûr, séché
9	céleri
9	citrouille
9	rhubarbe
9	igname (yam)
8	pomme sauvage
8	carotte
8	laitue boston
8	échalote
7	pomme entière
7	banane déshydratée
7	pêche fraîche
7	poire séchée
7	melon d'eau
6	prune japonaise
6	laitue pommée
5	aubergine
4	pomme pelée
4	raisin
4	poire fraîche

4 prune bleue
4 grenade
4 pruneau
4 châtaigne chinoise
4 pousse de bambou
4 artichaut de Jérusalem
3 noix de coco, fraîche
3 champignon
2 figue fraîche
2 tamarinier, le fruit
2 noix de coco, le lait
2 noix de coco, l'eau
2 pacane
2 noix de Grenoble
1 jus de pomme
1 raisin sec

VITAMINE D

La vitamine D est la vitamine soleil.

Elle se manufacture au niveau de la peau, grâce aux rayons du soleil. Son rôle principal est d'aider à l'absorption du calcium et du phosphore dans le tube digestif.

Elle prévient le rhumatisme.

Elle est aussi antirachitique.

Unités internationales (U.I. ou I.U.) par 100 grammes d'aliment, ou 3-1/2 onces.

500	sardine en conserve
350	saumon
250	thon
150	crevette

90 beurre
90 graine de tournesol
50 foie
50 œuf
40 lait
40 champignon
30 fromage naturel

Les légumes verts contiennent de
la vitamine D.

VITAMINE E

Cette vitamine a été découverte à cause de ses propriétés anti-stérilité, mais là ne se limitent pas ses fonctions.

Elle joue un rôle très important au niveau du système musculaire; elle est pour ainsi dire un aliment du muscle. La vitamine E est très efficace dans la prévention des thromboses. Elle a la propriété d'oxygéner le sang; elle est un anti-oxydant. La vitamine E serait conseillée dans la dystrophie musculaire, dans les cas de varices, de phlébite. D'après le Docteur Shute, grand spécialiste du cœur, la vitamine E est le plus sûr agent que l'on puisse utiliser dans les affections cardio-vasculaires.

Unités internationales (U.I. ou I.U.) par 100 grammes d'aliment, ou 3-1/2 onces.

216	huile de germe de blé
90	graine de tournesol
88	huile de tournesol
72	huile de safran
48	amande
15	huile de sésame
34	huile de pistache ou d'arachide
29	huile de maïs
22	germe de blé
18	arachide
18	huile d'olive
14	huile de soya
13	arachide rôtie
11	beurre d'arachide

3,6	beurre
3,2	épinard
3,0	gruau ou farine d'avoine
3,0	son
2,9	asperge
2,5	saumon
2,5	riz brun
2,3	seigle entier
2,2	pain de seigle noir
1,9	pacane
1,9	germe de blé
1,4	pain de blé entier
1,0	carotte
0,99	pois
0,92	noix
0,88	banane
0,83	œuf
0,72	tomate
0,29	agneau

VITAMINE F

La vitamine F est formée d'un ensemble d'acides gras non saturés et dont la carence provoque des dermatoses (maladie de la peau).

Elle est anti-eczématique.

Elle aide à la croissance.

Elle aide à la circulation du sang.

Elle réduit le taux de cholestérol.

Elle améliore le teint.

Elle aide les troubles de prostate.

Elle améliore les cheveux et les ongles, etc.

Ses principales sources sont les huiles non saturées (pressées à froid), comme l'huile de tournesol, de soya, de sésame, de safran et de lin.

On en trouve aussi dans les aliments suivants:

- la noix
- l'avocat
- l'œuf organique
- le lait entier
- l'huile de foie de morue
- la luzerne
- les légumes verts crus.

VITAMINE K

La vitamine K est anti-hémorragique; c'est la vitamine de la coagulation du sang. Un des symptômes caractéristiques d'une carence en vitamine K est le saignement abondant lors d'une plaie mineure.

Microgrammes (mcg) par 100 grammes d'aliment, ou 3-1/2 onces.

650	feuille de navet
200	brocoli
129	laitue
125	chou cru
92	foie de bœuf
89	épinard
57	cresson
57	asperge
35	fromage

30 beurre
25 foie de porc
20 gruau ou farine d'avoine
19 pois vert
17 blé entier
14 fève verte
11 œuf
10 huile de maïs
 8 pêche
 7 bœuf
 7 foie de poulet
 6 raisin
 5 tomate
 3 lait
 3 pomme de terre

La luzerne également contient de la vitamine K.

Bioflavonoïdes

Les bioflavonoïdes sont des substances hautement colorées. On les trouve surtout dans les fruits et les légumes, accompagnant la vitamine C. L'hespéridine est une des formes les plus actives des bioflavonoïdes. La rutine est une autre forme de bioflavonoïde. La déficience ou carence en bioflavonoïdes provoque un saignement excessif, le psoriasis, une circulation pauvre, etc.

Les principales sources de bioflavonoïdes sont: la pulpe des fruits citrins comme l'orange, le pamplemousse, etc., et:

- l'abricot
- le brocoli
- le cantaloup
- le cassis
- la cerise

- le chou
- le citron, son jus
- l'églantier
- la mûre
- l'orange
- le pamplemousse
- la papaye
- le persil
- la prune
- le pruneau
- le raisin
- la tomate

LES MINÉRAUX ET OLIGO-ÉLÉMENTS

Les Minéraux

Les minéraux sont des substances inorganiques que notre organisme est incapable de synthétiser. Ce sont des éléments indispensables à la constitution de certains tissus ainsi qu'au bon fonctionnement de l'organisme.

Les minéraux – et les oligo-éléments – sont un des six éléments essentiels à une alimentation équilibrée. Les minéraux se dissolvent dans l'eau. Il ne faut donc pas jeter l'eau dans laquelle vous faites cuire vos légumes, car vous y perdriez une bonne source de santé. Et c'est votre évier et ses tuyaux qui seraient mieux nourris que vous! Utilisez plutôt cette eau comme base de bouillon de soupe, ou alors pour une sauce.

Votre corps et votre bonne forme physique – et mentale – se ressentiraient gravement d'une carence constante en minéraux.

CALCIUM

Le calcium est le minéral le plus abondant du corps humain. Presque tout le calcium du corps, soit 90%, est contenu dans les os et les dents. Le calcium participe à la juste irritabilité des nerfs et des muscles. Donc une carence en calcium peut entraîner la perte des dents, peut conduire au rachitisme chez l'enfant, et à l'ostéoporose chez l'adulte.

Milligrammes (mg) par 100 grammes d'aliment, ou 3-1/2 onces.

1093	varech
925	fromage suisse
750	fromage cheddar
352	poudre de caroube
246	feuille de navet

245 mélasse des Barbades
234 amande
210 levure de bière
203 persil
187 feuille de pissenlit
186 noix du Brésil
151 cresson
129 lait de chèvre
128 tofu
126 figue sèche
121 babeurre ou petit-lait
120 graine de tournesol
120 yogourt
119 feuille de betterave
119 son de blé
118 lait entier
114 farine de sarrasin
110 graine de sésame
    décortiquée
106 olive mûre
103 brocoli

94 fromage cottage ou à la pie

93 épinard

73 fève soya cuite

73 pacane

72 germe de blé

69 arachide

68 miso

68 laitue romaine

67 abricot séché

66 rutabaga

62 raisin sec

60 cassis

59 datte

51 artichaut

51 prune séchée

51 graine de citrouille

50 fève cuite

49 chou

48 germe de fève soya

41 orange

39 céleri

38	noix de cajou
38	seigle
37	carotte
34	orge
32	pomme de terre sucrée
32	riz brun
29	ail
28	courge d'été
27	oignon
26	citron
26	pois vert frais
25	chou-fleur
25	lentille
22	cerise
22	asperge
22	courge d'hiver
21	fraise d'hiver
20	millet
19	fève mung germée
17	ananas
16	raisin frais

16	betterave
14	cantaloup
13	tomate
12	poulet
12	aubergine
11	jus d'orange
10	avocat
10	bœuf
8	banane
7	pomme
3	maïs sucré

MAGNÉSIUM

Le magnésium est présent en petite quantité dans l'organisme, mais son rôle est capital en ce qui concerne la bonne santé. Il joue aussi un rôle important au niveau de la cellule nerveuse. D'autre part, le Professeur Delbet, de France, dit: «Comme tout le travail cérébral est suivi d'élimination de magnésium par le rein, la vie moderne, par le surmenage du système nerveux, consomme plus de magnésium que la vie d'autrefois.»

La principale source de magnésium est la chlorophylle des légumes verts crus et des fruits crus. Je vous donne quand même une liste d'aliments dans lesquels vous trouverez le précieux magnésium.

Milligrammes (mg) par 100 grammes d'aliment, ou 3-1/2 onces.

760	varech
490	son de blé
336	germe de blé
270	amande
267	noix de cajou
258	mélasse noire
231	levure de bière
229	sarrasin
225	noix du Brésil
184	aveline
175	arachide
162	millet
142	pacane
115	seigle
111	tofu
106	feuille de betterave
88	fève soya cuite
88	épinard
88	riz brun
71	figue séchée

65	bette poirée
62	abricot séché
58	datte
51	crevette
48	maïs sucré
45	avocat
45	fromage cheddar
41	persil
40	pruneau
38	graine de tournesol
37	fève cuite
37	orge
36	feuille de pissenlit
36	ail
35	raisin sec
35	pois vert frais
34	pomme de terre avec pelure
34	crabe
33	banane
31	pomme de terre sucrée
30	mûre

25	betterave
24	brocoli
24	chou-fleur
23	carotte
22	céleri
21	bœuf
20	asperge
19	poulet
18	poivron
16	cantaloup
16	aubergine
14	tomate
13	chou
13	raisin frais
13	lait
13	ananas
13	champignon
12	oignon
11	orange
11	laitue iceberg
9	prune
8	pomme

PHOSPHORE

Le phosphore se rencontre dans toutes les cellules du corps humain. La plus grande partie, soit 80%, se trouve en combinaison avec le calcium des os et des dents. L'autre 20% est distribué entre les différents systèmes, principalement le système neuro-musculaire.

Milligrammes (mg) par 100 grammes d'aliment, ou 3-1/2 onces.

1753	levure de bière
1276	son de blé
1144	graine de citrouille et de courge
1118	germe de blé
837	graine de tournesol
693	noix du Brésil

592	graine de sésame décortiquée
554	fève soya séchée
504	amande
478	fromage cheddar
457	fève pinto séchée
409	arachide
400	blé
380	noix de Grenoble
376	seigle
373	noix de cajou
352	foie de bœuf
338	pétoncle
311	millet
290	orge perlé
289	pacane
269	dulse (algue)
240	varech
239	poulet
221	riz brun
205	œuf

202	ail
175	crabe
152	fromage cottage ou à la pie
150	bœuf
150	agneau
119	lentille cuite
116	champignon
116	pois frais
111	maïs sucré
101	raisin sec
93	lait entier
87	yogourt
80	chou de Bruxelles
79	pruneau
78	brocoli
77	figue séchée
69	igname (yam)
67	fève soya germée
64	fève mung germée
63	datte
63	persil

62 asperge

59 pousse de bambou

56 chou-fleur

53 pomme de terre
avec pelure

51 épinard

44 fève verte

44 citrouille

42 avocat

40 feuille de betterave

39 bette poirée

38 courge d'hiver

36 carotte

36 oignon

35 chou rouge

33 betterave

31 radis

29 courge

28 céleri

27 concombre

27 tomate

26 banane
26 laitue
24 nectarine
22 framboise
20 raisin frais
20 orange
17 olive
16 cantaloup
10 pomme
8 ananas

POTASSIUM

Le potassium est un agent qui conserve la souplesse aux tissus fermes du corps, et les empêche de devenir rigides et cassants.

Milligrammes (mg) par 100 grammes d'aliment, ou 3-1/2 onces.

8060	dulse (algue)
5273	varech
920	graine de tournesol
827	germe de blé
773	amande
763	raisin sec
727	persil
715	noix du Brésil
674	arachide
648	datte
613	figue séchée

604 avocat

603 pacane

600 igname (yam)

550 bette poirée

540 fève soya cuite

529 ail

470 épinard

450 noix de Grenoble

430 millet

416 fève cuite

414 champignon

407 pomme de terre
avec la pelure

382 brocoli

370 banane

370 viande

369 courge d'hiver

366 poulet

341 carotte

341 céleri

322 radis

295	chou-fleur
282	cresson
278	asperge
268	chou rouge
264	laitue
251	cantaloup
249	lentille
244	tomate
243	pomme de terre sucrée
234	papaye
214	aubergine
213	poivron
208	betterave
202	pêche
202	courge d'été
200	orange
199	framboise
191	cerise
164	fraise
162	jus de pamplemousse
158	raisin frais

157	oignon
146	ananas
144	lait entier
141	jus de citron
130	poire
129	œuf
110	pomme
100	melon d'eau
70	riz brun cuit

SODIUM

Le sodium a pour fonction de maintenir une grande fluidité du sang et de la lymphe, et d'empêcher l'épaississement de ces fluides. Il régularise aussi la distribution de l'eau dans l'organisme et protège celui-ci contre la perte excessive de liquide.

Milligrammes (mg) par 100 grammes d'aliment, ou 3-1/2 onces.

3007	varech
2400	olive verte
1428	marinade à l'aneth
828	olive mûre
747	choucroute
700	fromage cheddar
265	pétoncle
229	fromage cottage ou à la pie
210	homard

147	bette poirée
130	feuille de betterave
130	babeurre
126	céleri
122	œuf
110	morue
71	épinard
70	agneau
65	porc
64	poulet
60	bœuf
60	betterave
60	graine de sésame
52	cresson
50	lait entier
49	navet
47	carotte
47	yogourt
45	persil
43	artichaut
34	figue séchée

30	lentille séchée
30	graine de tournesol
27	raisin frais
26	chou rouge
19	ail
19	fève blanche
15	brocoli
15	champignon
13	chou-fleur
10	oignon
10	pomme de terre sucrée
9	riz brun
9	laitue
6	concombre
5	arachide
4	avocat
3	tomate
2	aubergine
2132	sel, 1 cuil. à thé
1391	sauce soya, 1 cuil. à table

Les aliments qui suivent contiennent beaucoup de chlorure de sodium et doivent généralement être évités:

- légumes en conserve (et certains, congelés)
- viandes saucées, fumées et en conserve
- épices mélangées
- cubes de bouillon
- poisson en conserve
- beurre d'arachide non naturiste
- ketchup, sauce barbecue
- patates chips, pretzels, etc.
- noix salées
- biscuits salés
- soupes en conserve ou en sachet
- fromages fondus, à la crème, («processed», etc.)
- etc.

LES OLIGO-ÉLÉMENTS

Les oligo-éléments sont des minéraux que l'on trouve en infime quantité dans les tissus corporels et dont la présence est essentielle au bon fonctionnement de l'organisme.

Les oligo-éléments sont le fer, le cuivre, le fluor, l'iode, le manganèse, le silicium, le sélénium, le zinc, le cobalt, etc. Bien qu'en très petite quantité, les oligo-éléments sont d'une importance capitale pour le bon fonctionnement de l'organisme.

COBALT

Le cobalt est un composant de la vitamine B-12.

Une carence en vitamine B-12, et par conséquent en cobalt, provoque l'anémie pernicieuse, c'est-à-dire une chute marquée de l'hémoglobine ainsi que du nombre de globules rouges.

On peut trouver du cobalt dans:
- le foie des animaux
- le poisson
- le fromage
- le jaune d'œuf

Consultez la rubrique VITAMINE B-12.

CUIVRE

On connaît mal le rôle du cuivre dans l'organisme. On sait toutefois qu'il est essentiel. On sait qu'il est nécessaire à la synthèse de l'hémoglobine. On lui suppose un rôle dans la formation des os ainsi que dans le bon fonctionnement du système nerveux. Dans les os, une carence en cuivre nuirait à la fixation du calcium et du phosphore, ce qui rendrait les os fragiles et poreux.

Milligrammes (mg) par 100 grammes d'aliment, ou 3-1/2 onces.

13,7	huître
2,3	noix du Brésil
2,1	lécithine de soya
1,4	amande
1,3	noisette

1,3 noix
1,3 pacane
1,2 pois coupé, sec
1,1 foie de bœuf
0,8 sarrasin
0,7 huile de foie de morue
0,7 côtelette d'agneau
0,5 huile de tournesol
0,4 beurre
0,4 seigle
0,4 orge
0,3 crevette
0,3 huile d'olive
0,3 palourde
0,3 carotte
0,3 noix de coco
0,3 ail
0,2 millet
0,2 blé entier
0,2 poulet
0,2 œuf

0,2 huile de maïs
0,2 mélasse
0,2 navet
0,1 pois vert
0,1 papaye
0,1 pomme

FER

La fonction la plus connue et la plus évidente du fer dans l'organisme est celle de transporter, au moyen de l'hémoglobine dont il fait partie, l'oxygène de l'air à partir des poumons jusqu'aux cellules, et de libérer les cellules de leur bioxyde de carbone en le ramenant jusqu'aux poumons pour évacuation.

L'insuffisance de fer conduit à l'anémie.

Milligrammes (mg) par 100 grammes d'aliment, ou 3-1/2 onces.

100,0	varech
17,3	levure de bière
16,1	mélasse noire
14,9	son de blé

11,2	graine de citrouille et de courge
9,4	germe de blé
8,8	foie de bœuf
7,1	graine de tournesol
6,8	millet
6,2	persil
6,1	palourde
4,7	amande
3,9	pruneau
3,8	noix de cajou
3,7	bœuf maigre
3,5	raisin sec
3,4	artichaut de Jérusalem
3,4	noix du Brésil
3,3	feuille de betterave
3,2	bette poirée
3,1	feuille de pissenlit
3,1	noix de Grenoble
3,0	datte
2,9	porc

2,7 fève cuite
2,4 graine de sésame
     décortiquée
2,4 pacane
2,3 œuf
2,1 lentille
2,1 arachide
1,9 agneau
1,9 tofu
1,8 pois vert
1,6 riz brun
1,6 olive mûre
1,5 poulet
1,3 artichaut
1,3 fève mung germée
1,2 saumon
1,1 brocoli
1,1 groseille
1,1 pain de blé entier
1,1 chou-fleur
1,0 fromage cheddar

1,0 fraise

1,0 asperge

0,9 mûre

0,8 chou rouge

0,8 citrouille

0,8 champignon

0,7 banane

0,7 betterave

0,7 carotte

0,7 aubergine

0,7 pomme de terre sucrée

0,6 avocat

0,6 figue

0,6 pomme de terre

0,6 maïs

0,5 ananas

0,5 nectarine

0,5 melon d'eau

0,5 courge d'hiver

0,5 riz brun cuit

0,5 tomate

0,4   orange
0,4   cerise
0,4   courge d'été
0,3   papaye
0,3   céleri
0,3   fromage cottage ou à la pie
0,3   pomme

FLUOR

Le fluor est partie intégrante des os et des dents.

En petite quantité, il semble favoriser la croissance des dents, surtout l'émail.

Une alimentation équilibrée devrait fournir tout le fluor nécessaire.

Les principales sources de fluor sont, par ordre d'importance:

- ail	- betterave
- blé entier	- chou
- cresson	- huître
- lait	- laitue
- lentille	- navet
- œuf, le blanc	- radis

IODE

L'iode dans l'organisme participe à la composition de l'hormone de la glande thyroïde, appelé thyroxine. Son insuffisance conduit au goitre.

Microgrammes (mcg) par 100 grammes d'aliment, ou 3-1/2 onces.

90	palourde
65	crevette
50	huître
50	saumon
37	sardine
19	foie de bœuf
16	ananas
16	thon
14	œuf
11	arachide
11	pain de blé entier

11	fromage cheddar
10	laitue
9	épinard
9	piment vert
9	beurre
7	lait
6	fromage cottage ou à la pie
6	bœuf
3	agneau
3	raisin sec

MANGANÈSE

Le manganèse, entre autres choses, est indispensable au tonus musculaire. Il est également indispensable au bon fonctionnement des glandes sexuelles, ainsi qu'à la fixation du calcium et du phosphore des os. Enfin, il est indispensable à la vitalité, d'où nervosisme et fatigue en son absence.

Milligrammes (mg) par 100 grammes d'aliment, ou 3-1/2 onces.

3,5	pacane
2,8	noix du Brésil
2,5	amande
1,8	orge
1,3	seigle
1,3	sarrasin
1,3	pois coupé, sec

1,1 blé entier
0,8 noix
0,8 épinard
0,7 arachide
0,6 avoine
0,5 raisin sec
0,5 feuille de navet
0,5 rhubarbe
0,4 feuille de betterave
0,3 chou de Bruxelles
0,3 gruau ou farine d'avoine
0,2 farine de maïs
0,2 millet
0,16 carotte
0,15 brocoli
0,14 riz brun
0,14 pain de blé entier
0,13 fromage suisse
0,13 maïs
0,11 chou
0,10 pêche
0,09 beurre

0,06 tangerine
0,06 pois
0,05 œuf
0,04 betterave
0,04 noix de coco
0,03 pomme
0,03 orange
0,03 poire
0,03 côtelette d'agneau
0,03 côtelette de porc
0,03 cantaloup
0,03 tomate
0,02 lait entier
0,02 poitrine de poulet
0,02 fève verte ou haricot vert
0,02 abricot
0,01 foie de bœuf
0,01 flétan
0,01 concombre

Le clou, le gingembre, la feuille de laurier, le thym sont également riches en manganèse.

SÉLÉNIUM

Le sélénium est l'élément minéral le moins abondant dans l'organisme, mais il est néanmoins essentiel. Les déficiences en sélénium ont été associées aux maladies de cœur, aux problèmes de peau et de cheveux, à la fibrose kystique et particulièrement à la prédisposition au cancer.

Milligrammes (mg) par 100 grammes d'aliment, ou 3-1/2 onces.

146	beurre
141	hareng fumé
123	éperlan
111	germe de blé
103	noix du Brésil
89	vinaigre de cidre de pomme
77	coquille St-Jacques

66 orge
66 pain de blé entier
65 homard
63 son
59 crevette
56 avoine
55 palourde
51 crabe
49 huître
48 lait
43 morue
39 riz brun
34 bifteck de ronde
30 agneau
27 navet
26 mélasse
25 ail
19 jus d'orange
19 bière
18 foie de bœuf
18 jaune d'œuf

12	champignon
12	poulet
10	fromage suisse
5	fromage cottage ou à la pie
4	radis
4	jus de raisin
3	pacane
2	noisette
2	amande
2	haricot vert
2	fève rognon rouge
2	oignon
2	carotte
2	chou
1	orange

On trouve aussi du sélénium dans les levures et le varech.

SILICIUM

Le silicium est un composant de la silice, communément appelé sable. Le silicium, ou silice, est un facteur alimentaire essentiel. Le silicium joue un rôle de première importance dans le durcissement normal ou dans la résistance normale des tissus suivants: les muscles, les veines, les dents, le périoste (la membrane qui enveloppe les os et en assure la croissance en épaisseur), les phanères, (ongles, cheveux, poils). De plus, la silice accélère le mûrissement normal des plaies.

La silice se trouve surtout à la périphérie des fruits et des grains. Là, on voit l'illogisme et l'ignorance de l'alimentation moderne, qui décortique le blé avant d'en faire du pain.

ZINC

Une fonction intéressante du zinc est de faire partie intégrante de l'hormone pancréatique, i.e. l'insuline. On dit même que le pancréas des diabétiques est pauvre en zinc. Il est aussi un composant des globules blancs du sang.

Milligrammes (mg) par 100 grammes d'aliment, ou 3-1/2 onces.

148,7	huître
6,8	racine de gingembre
5,6	bifteck haché
4,5	pacane
4,2	pois coupé séché
4,2	noix du Brésil
3,9	foie de bœuf
3,5	lait en poudre écrémé

3,5 jaune d'œuf
3,2 blé entier
3,2 seigle
3,2 gruau ou farine d'avoine
3,2 arachide
3,1 fève de Lima
3,1 lécithine de soya
3,1 amande
3,0 noix
2,9 sardine
2,6 poulet
2,5 sarrasin
2,4 noisette
1,9 palourde
1,7 anchois
1,7 thon
1,7 aiglefin
1,6 pois vert
1,5 crevette
1,2 navet
0,9 persil

0,9 pomme de terre
0,6 ail
0,5 carotte
0,5 pain de blé entier
0,4 fève noire
0,4 lait cru
0,4 maïs
0,3 jus de raisin
0,3 huile d'olive
0,3 chou-fleur
0,2 épinard
0,2 chou
0,2 lentille
0,2 beurre
0,2 laitue
0,1 concombre
0,1 igname (yam)
0,1 tangerine
0,1 haricot

Le paprika, le thym et la cannelle contiennent aussi du zinc.

LÉCITHINE

Je m'en voudrais grandement de vous avoir entretenu, dans ce mini-livre, sur les vitamines et les minéraux et d'avoir omis de vous parler de la lécithine qui est considérée, par des hommes de science, comme l'aliment régénérateur par excellence. Pour prévenir une trop grande accumulation de graisse dans le foie, l'organisme a besoin d'un facteur lipotrope (substance qui se fixe sur les graisses) et dont le plus important est la lécithine, ou plus exactement la choline, qui en est son principal constituant. Comme je le dis au chapitre des vitamines, la choline, ou lécithine, n'est pas une vitamine à proprement parler, car notre corps peut en fabriquer. La lécithine est une substance alimentaire complexe et naturelle désignée sous le nom de phospholipide (union d'une substance phosphorée avec un corps gras). Elle fait partie de toute cellule vivante; elle constitue 17% du système nerveux. Elle se trouve en abondance dans le cœur, les reins, le cerveau, les glandes endocrines, le foie et les os. Une suractivité nerveuse, mentale et glandulaire peut utiliser la lécithine de l'organisme plus rapidement qu'elle n'est consommée dans l'alimentation, et peut ainsi causer des carences. C'est pourquoi il nous faut manger des aliments contenant de la lécithine, ce dont je vous parlerai plus loin. La lécithine est essentielle à la digestion, à l'absorption et au métabolisme des gras ainsi qu'au bon fonctionnement du système nerveux. La lécithine étant un phospholipide, elle nourrit le cerveau et développe la mémoire (le phosphore est un minéral qui aide le cerveau). Il ne faut pas oublier que la lécithine est l'aliment par excellence pour les nerfs. Dans le contexte stressant de nos grandes villes, il ne faut donc pas négliger cet apport alimentaire. La lécithine est l'ennemi du cholestérol, de l'artériosclérose, de l'athérosclérose, des thromboses, des infarctus, etc. La lécithine émulsionne les gras, c'est-à-dire qu'elle les fragmente en fines gouttelettes pour pouvoir les rejeter plus facilement hors de notre organisme.

Tout régime équilibré doit donc contenir de la lécithine. Les aliments fournisseurs de lécithine sont les huiles naturelles pressées à froid, les grains entiers, le jaune d'œuf liquide, et surtout la fève soya (qui fait partie de la famille des grains). On peut également en trouver, sous forme de gélules et de granules, dans les magasins d'aliments naturels.

LES FIBRES ALIMENTAIRES

Les fibres sont des constituants importants de toutes les cellules végétales et, par conséquent, entrent en bonne proportion dans notre alimentation. Bien qu'elles ne soient ni digérées, ni absorbées par notre organisme, elles sont néanmoins nécessaires au bon fonctionnement de l'intestin; elles donnent du volume aux aliments, ce qui stimule le péristaltisme, ou mouvements de l'intestin, et préviennent ainsi la constipation. Les fibres sont donc des substances glucidiques qui ne sont pas attaquées par les sucs digestifs. elles sont ce que l'on appelle des aliments encombrantd mais d'importance capitale pour la santé.

Les fibres se trouvent dans les végétaux: céréales, fruits, légumes, légumineuses. Tout comme l'apport calorique varie d'un aliment à l'autre, la teneur en fibres enregistre aussi d'importantes différences. Certains végétaux en sont très riches,d'autres plaus pauvres; et pour ce qui est des céréales et de leurs dérivés, leur teneur en fibres dépend en large part de la mouture et du raffinage. Exemples: 1 tranche de pain blanc peut donner 0,8 gramme de fibre et une tranche de pain de blé entier, 2,85 gramme; 100 grames de farine de blé entier donnent environ

9,51 grammes de fibres alors que 100 gramme de farine blanche n'en donnent que 3,15. Nous avons donc avantage à consommer des aliments complets et le moins raffinés possible.

On peut classer les fibres en 3 catégories: la celulose, la pectine et la lignine, lesquelles, comme je le dis plus haut, sont des substances organiques contenues das les membranes cellulaires des végétaux. La cellulose et la petine sont en partie dégradées par les batéries du côlon, ou flore intestinale: la première est une fibre plus ou moins dure, tandis que la seconde est une fibre onctueuse. Pour ce qui est de la lignine, c'est absolument intacte qu'elle traverse l'intestin: ce qui veut dire qu'elle n'est pas dégradée par la flore intestinale. C'est une fibre dure et qui peut devenir irritante. On la rencontre par exemple dans les graines de sésame entières, non-décortiquées, dans les grains entiers de pollen de fleur, dans les grains de maïs non mastiqués, dans les vieilles carottes, les vieux navets, etc. Comme nous retrouvons ces grains entiers dans nos selles, ils ne sont donc d'aucune utilité nutritive. Nous devrions consommer environ 30 à 40 grammes de fibres par jour, ce qui veut dire, manger beaucoup de légumes, de fruits et de céréales complètes. Ceci, je le répète, est pour prévenir la constipation et, par le fait même, pour être et rester en bonne santé.

«Tant vaut la manducation, prise dans son sens qualitatif et quantitatif le plus large, tant valent la digestion, l'absorption, l'élimination et l'assimilation. Et par conséquent, tant vaut la santé.» (Marcel Chaput - L'École de la santé)

Il est important de manger des aliments qui contiennent beaucoup de fibres afin de prévenir la constipation ou l'enrayer.

Fruits contenant le plus de fibres

(3 1/2 oz = 100 g approximativement)

	POIDS	FIBRES
abricot	100 g	1,30 g
ananas	100 g	1,40 g
avocat	100 g	2,00 g

banane (1)	175 g	3,50 g
cantaloup 1/2 ou	385 g	2,90 g
datte	100 g	8,70
fraise	100 g	2,12 g
framboise	100 g	7,40 g
figue sèche	100 g	18,30 g
mûres	125 ml	5,0 g
nectarine		
ou brugnon (1)	138 g	0,89 g
orange (1)	180 g	2,70 g
pêche	100 g	2,28 g
poire	100 g	2,44 g
pomme crue	150 g	2,20 g
prune	100 g	2,00 g
raisin sec (1)	14 g	1,00 g
raisin frais (10)		0,80 g

Légumes contenant le plus de fibres

(3 1/2 oz = 100 g approximativement)

	POIDS	FIBRES
asperge	100 g	1,40 g
aubergine	100 g	2,30 g
bettarave	100 g	2,50 g
brocoli	100 g	4,30 g
carotte crue	50 g	0,50 g
carotte râpée	116 g	2,83 g
céleri cru (250 ml)	100 g	1,30 g
céleri cru (1 branche)	40 g	0,50 g
céleri cuit (250 ml)	133 g	2,90 g
champignon cru tranché (250 ml)	100 g	2,50 g
chou pommé cru	95 g	2,20 g
chou de Bruxelles	100 g	2,80 g
chou-fleur cru (250 ml)	112 g	1,80 g
chou-fleur cuit (250 ml)	127 g	2,30 g

chou rouge cru (250 ml)	100 g	2,80 g
concombre	100 g	0,40 g
courgette	100 g	0,90 g
cresson	100 g	3,28 g
épinard	100 g	6,18 g
haricot vert	100 g	3,20 g
laitue en feuille (2 grandes feuilles)	50 g	0,80 g
maïs	83 g	4,70 g
oignon cru (1)	100 g	1,30 g
oignon cuit (250 ml)	222 g	2,90 g
navet	100 g	2,20 g
piment vert cru ou poivron vert (1)	74 g	1,00 g
poireau	100 g	3,10 g
pois, petit pois	100 g	6,00 g
pomme de terre sucrée, cuite	141 g	3,40 g
pomme de terre au four, pelée après cuisson (1)	130 g	3,20 g

pomme de terre bouillie et pelée avant cuisson (1)	122 g	1,20 g
radis crus	40 g	0,50 g
scarole	100 g	1,60 g
tomate crue (1)	150 g	2,30 g

Légumineuses et noix contenant le plus de fibres

(3 1/2 oz = 100 g approximativement)

	POIDS	FIBRES
amande écalée (125 ml)	75 g	10,70 g
arachide grillée, salée (125 ml)	75 g	5,90 g
beurre d'arachide (1 cuil. à table)	15 ml	1,20 g
haricot sec cuit (250 ml)	260 g	14,40 g

	POIDS	FIBRES
lentille cuite égouttée (250 ml)	156 g	5,80 g
noix de Grenoble (125 ml)	53 g	2,80 g
pois cassé sec, cuit (250 ml)	263 g	13,40 g

Produits céréaliers contenant le plus de fibres

(3 1/2 oz = 100 g approximativement)

	POIDS	FIBRES
All-Bran (250 ml)	34 g	9,30 g
blé filamenté (250 ml)	38 g	4,70 g
farine blanche	100 g	3,15 g
farine de blé entier	100 g	9,51 g
gruau d'avoine régulier (125 ml)	42 g	3,20 g

muesli	100 g	7,40 g
pain blanc (1 tranche)	30 g	0,80 g
pain de blé entier (1 tranche)	30 g	2,85 g
riz blanc cru	100 g	2,40 g
riz blanc cuit (250 ml)	179 g	1,40 g
riz brun cru	100 g	4,30 g
riz brun cuit	179 g	2,80 g
son de blé (1 cuil. à table)	15 ml	2,20 g
son (en flocons)	31 g	3,10 g
Weetabix (1 biscuit)	16 g	2,10 g

SAVIEZ-VOUS QUE…?

Le varech

Le varech, le riz complet, le millet, la luzerne, la levure de bière, les huiles pressées à froid sont des aliments que l'on a avantage à consommer souvent.

Le varech est une algue brune que l'on récolte dans les mers.

Il existe trois grandes zones pour recueillir des algues:

1. Le rivage: celles-ci sont souvent salies par le sable et les déchets. Elles sont donc principalement utilisées comme engrais.

2. La rive: on peut faucher les algues
   à marée basse.

3. Le fond marin: dans ce cas, les
   algues sont recueillies par des
   bateaux spécialisés ou encore
   par des plongeurs. En principe,
   ces algues sont moins polluées
   que les autres. Leur récolte se fait
   habituellement au printemps. À
   cette époque, les algues sont en
   pleine activité biologique. Pour
   essayer d'enrayer la pollution, on
   les recueille en des endroits
   oxygénés par de forts courants
   marins.

Vous pouvez voir et sentir la diffé-
rence entre une pomme de terre
engraissée au varech et une autre qui
ne l'est pas. La première reste

blanche après la cuisson. Elle n'a pas de courants noirs et elle est meilleure au goût.

La luzerne

Parce que ses racines sont profondes, la luzerne est par conséquent riche en minéraux de toutes sortes. La luzerne contient aussi des vitamines A, B, C, D, E et K.

Plante extraordinaire, la luzerne possède aussi une forte teneur en protéines. Comparativement au bœuf, la luzerne contient plus de protéines (18,9% versus 16,5%).

Ce qui est très rare aussi pour une plante, les protéines de la luzerne contiennent tous les acides aminés essentiels.

La luzerne est recommandée pour soulager les troubles d'acidification (les problèmes d'arthrite et de rhumatisme). Par sa forte teneur en chlorophylle, la luzerne peut aussi purifier les tissus de l'organisme. Selon certains praticiens de la médecine naturelle, elle peut lutter contre les infections et les maladies de peau. Elle peut être efficace contre les troubles de la vessie et de la prostate. Elle peut lutter contre les ulcères d'estomac, la fièvre des foins, l'asthme et la bronchite.

La chlorophylle

La chlorophylle est le pigment vert des plantes ou des végétaux fixé dans les chloroplastes qui ne se forme qu'à la lumière. La chlorophylle est un agent catalyseur.

Comme tout catalyseur, elle hâte ou maintient une réaction. L'une des caractéristiques de la chlorophylle consiste à stimuler la formation des tissus sains et d'aider la cicatrisation des plaies.

La chlorophylle contribue à la reproduction de cellules saines et normales. Son effet tonique est connu depuis longtemps. Depuis, la science a démontré que la chlorophylle arrête le développement des bactéries pathogènes. Sous certains aspects, elle ressemble beaucoup au sang humain. En quelque sorte, la chlorophylle serait le sang des plantes.

Selon certains praticiens de la médecine naturelle, la chlorophylle peut servir à traiter toutes sortes de maux.

Elle peut désodoriser, refaire les tissus déchirés, guérir les ulcères, les brûlures et les dermatoses.

En plus de trouver la chlorophylle dans toutes les plantes vertes, elle est aussi disponible dans les magasins d'aliments naturels sous forme liquide en solution isotonique à 2%. On dit qu'une solution est isotonique lorsqu'elle a la même concentration que le système auquel elle est comparée.

Pour conclure sur la chlorophylle, j'aimerais ajouter que j'apporte toujours en voyage avec moi de la chlorophylle liquide. Dix gouttes de chlorophylle mélangées à l'eau m'a toujours évité la «turista».

PRINCIPALES CARACTÉRISTIQUES DES DIFFÉRENTS GRAS

Gras saturés

Solides à la température ambiante. Surtout présents dans la viande, la volaille, les oeufs, le gras des produits laitiers, les huiles de palme, de palmiste, de coprah (coco).

Gras mono-insaturés

Liquides à la température ambiante. Semi-liquides au réfrigérateur. Abondants dans les olives, l'avocat, les noix, le sésame.

Gras polyinsaturés

Liquides à la température ambiante et au froid.

Fragiles à l'oxydation.

Abondants dans le lin, les noix, le soya, le tournesol, les poissons gras, etc.

Tiré du livre *Le guide des bons gras*, Renée Frappier et Danielle Gosselin.

LES DIFFÉRENTS
COURANTS DE PENSÉE

L'hygiénisme, le naturisme, le végétarisme, le végétalisme, le véganisme, le fruitarisme, la macrobiotique sont tous des philosophies qui se donnent comme objectif de définir le meilleur moyen de s'alimenter sainement. Toutefois, il existe quelques petites particularités pour chacune d'entre elles.

L'hygiéniste ne mange pas de chair animale. Il trouve principalement ses protéines dans les noix. Il ne consomme pas de supplément alimentaire.

Le naturiste est omnivore. Il mange de la viande, du poisson, du fromage, des oeufs et des noix. Il ajoute des suppléments alimentaires à son alimentation. Il insiste cependant sur la qualité des aliments qu'il consomme.

Le végétarien ne consomme aucune viande ni aucun poisson. Il consomme par contre des sous-produits d'animaux comme le fromage, les oeufs, le lait. Il peut ajouter lui aussi des suppléments alimentaires. On l'appelle aussi lacto-ovo-végétarien.

Le végétalien ne mange ni viande, ni poisson, ni sous-produits d'animaux. Il trouve ses protéines dans les noix, les légumineuses et les céréales. Le végétalien mange des fruits et des légumes.

Le fruitarien ne consomme que des fruits. Il prend ses protéines dans les fruits oléagineux et les noix. Il peut aussi ajouter des suppléments alimentaires à son alimentation.

L'adepte de la **macrobiotique** vise une alimentation à base de céréales entières: riz, blé, sarrasin, millet… L'adepte macrobiotique consomme très peu de chair animale. Son alimentation comprend aussi les légumineuses, les algues. S'il consomme parfois du poisson ou encore du poulet organique, il ne mange jamais de produits laitiers. Il fait par contre une exception pour le fromage de chèvre. L'adepte macrobiotique mange beaucoup de légumes et il ne consomme que des fruits locaux et de saisons: pommes, poires. Il exclut donc de son alimentation les bananes, oranges ou autres fruits exotiques ou importés. Il ne prend jamais de suppléments alimentaires.

Le véganiste n'utilise et ne consomme aucun sous-produit d'animaux. Son orientation alimentaire est soumise à des préoccupations philosophiques.

Voilà, en résumé, la définition des différentes philosophies naturistes.

LES BONNES COMBINAISONS ALIMENTAIRES

pour en savoir plus
sur les bonnes combinaisons
alimentaires,
vous pouvez joindre

LUCILE MARTIN-BORDELEAU

au numéro
(450) 688-8205
(Canada)

CONCLUSION

J'espère, chère amie et cher ami, que ces quelques pages auront atteint leur but: celui de vous éveiller, de vous sensibiliser, de vous faire prendre conscience que les vitamines, les minéraux, les oligo-éléments et les fibres sont essentiels à la santé. En somme que l'alimentation est la base, soit de la santé, soit de la maladie. Comme je vous sais intelligente et intelligent, je suis sûre que vous opterez pour le meilleur des deux.

Conclusion «pratique» de tout ce qui précède? Comme toute personne sensée, vous voulez «en avoir plus pour votre argent», n'est-ce pas? Alors mangez le plus de crudités possible. Pourquoi? Vous avez sûrement compris que, par la cuisson, les vitamines et les minéraux perdent beaucoup de leur valeur nutritive, parfois même jusqu'à 50%... Alors, le calcul est simple! Pour avoir la même base nutritive, vous devrez manger – et acheter! – deux fois plus de légumes cuits que de crudités.

Bonne santé!

Lucile Martin Bordeleau

NOTE BIOGRAPHIQUE

Lucile Martin Bordeleau œuvre dans le naturisme depuis plus de trente-cinq ans. Pendant quatre ans, son mari, Gilles Bordeleau, naturopathe, et elle furent propriétaires, à Laval, d'un magasin d'aliments naturels. Plus tard, elle fonda avec son mari le Centre de jeûne St-Sauveur-des-Monts, qui opéra de 1977 à 1983. Lucile Martin Bordeleau est diplômée du Collège Marie-Victorin en sciences humaines, et de l'Institut naturopathique de Montréal en naturisme et en trophologie (alimentation).

BIBLIOGRAPHIE

L'école de la santé, Docteur Marcel Chaput, Ph.D., N.D., Éditions du Jour.

Nutrient Content of Foods, Mineralab Inc.

Les vitamines, Raoul Lecoq, G. Doin & Cie, éditeurs.

People's Desk Reference, F. Joseph Montagna, Vol. 2.

*Demandez notre catalogue
ET, EN PLUS, recevez un*
LIVRE CADEAU
*et de la documentation
sur nos nouveautés****†**

*****Des frais de poste de 3,00 $ sont applicables.** Faites
votre chèque ou mandat-poste à l'ordre de Édimag inc.
***Remplissez et postez ce coupon à Édimag inc.
C.P. 325, Succursale Rosemont, Montréal, QC,
Canada H1X 3B8***

Les photocopies et les fac-similés
NE SONT PAS ACCEPTÉS.
Coupons originaux seulement.

Allouez de 3 à 6 semaines pour la livraison.
*En plus de recevoir le catalogue, je recevrai un livre
au choix du département de l'expédition.
† Pour les résidants du Canada et des États-Unis
seulement. Un cadeau par achat de livre et par
adresse postale.

• COUPON DE COMMANDE •

J'aimerais recevoir le(s) livre(s) suivant(s)

☐ **220 recettes** · 15,95 $

☐ **Les bonnes combinaisons** · · · · · · · · · · · · · · · 11,95 $

Allouez 3 à 4 semaines
pour livraison.
COD accepté (ajoutez 5 $).
Faites chèque ou mandat à
**Livres à domicile 2000
C.P. 325 succ. Rosemont
Montréal (Québec)
H1X 3B8**

Sous-total ·

Poste et
expédition · · · · · · · · · · · · · · · 4 $

TPS 7% ·

Total ·

Nom :

....

Adresse : ....

....

Ville : ....

Code postal : .... Tél. : ....

N° de carte VISA seulement : ....

Expir. : ....

Signature : ....